LA MORT DE LOUIS SEIZE,

TRAGÉDIE.

J'ai trouvé quelques âmes sensibles & compatissantes. Que ceux-là jouissent dans leurs cœurs, de la tranquillité que doit leur donner leur façon de penser.

TESTAMENT DE LOUIS XVI.

PERSONNAGES.

LOUIS XVI, Roi de France.

MARIE-ANTOINETTE, Reine.

ELISABETH, fœur du Roi.

LE DAUPHIN, âgé de fept ans.

MADAME ROYALE, âgée de treize ans.

LAMOIGNON-MALESHERBES.
DESEZE.
TRONCHET.
} Défenfeurs officieux du Roi.

PHILIPPE D'ORLÉANS.
GARRAN DE COULON
KERSAINT.
MANUEL.
CHARLES VILLETTE.
ROBESPIERRE.
MARAT.
LEQUINIO.
THURIOT.
DANTON, & plufieurs autres.
} Députés de la Convention-nationale.

SANTERRE, Commandant de la Garde-nationale.

Le Confeffeur du Roi.

Commiffaires du Confeil de la Commune.

La scene eft à Paris.

LA MORT DE LOUIS XVI, TRAGÉDIE.

ACTE PREMIER.

Le théâtre représente une salle d'un des Comités de la Convention-Nationale,

SCENE PREMIERE.

LAMOIGNON, DESEZE ET TRONCHET.

TRONCHET.

Le voici, Lamoignon, ce jour si redoutable,
Où du Sénat français l'arrêt irrévocable,
Peut-être, de Louis, en prononçant la mort,
Va consterner l'Europe & décider son sort !
Déjà chez d'Orléans une Loi préparée,
A du Peuple écarté la sanction sacrée.

Je crains que, fous fon nom, dans ce jour ufurpé,
Par quelques fcélérats, fon vœu ne foit trompé.

LAMOIGNON.

Je le crains comme vous; & ce Sénat perfide,
S'il ne méditoit pas un affreux régicide,
Quant à ce jugement tout le Peuple eft lié,
A fa décifion l'auroit affocié.

DESEZE.

Moi, j'ofe efpérer mieux; non, je ne faurois croire
Que d'un tel attentat on fouille notre hiftoire.
Les écarts monftrueux de quelques orateurs,
N'en imposeront point à nos Légiflateurs;
Il en eft dont les cœurs à la vertu fideles,
Déjoueront des Marat les trames criminelles.
Tout fentiment d'honneur n'eft pas encore éteint;
Et pour un Thuriot, nous avons dix Kerfaint.

LAMOIGNON.

Puiffai-je me tromper! Ah! s'il faut qu'il périffe,
Ciel, détourne fur moi l'horreur de fon fupplice!
Trop heureux d'épargner, par mes obfcurs malheurs,
A la France un grand crime, au monde entier des pleurs.
Louis n'enfanta point par de folles dépenfes
Le ver qui dévora le fuc de nos finances.
Cet infortuné Prince abufé, non pervers,
A fa feule foibleffe a dû tous fes revers.
D'un Roi foible, grand Dieu, que le Peuple eft à plaindre!
Le plus cruel tyran fut cent fois moins à craindre,
Quelques foient fes excès, quelque foit fa fureur,
Ils doivent s'arrêter aux bornes de fon cœur.
Mais un Roi bienfaifant qui, de crime incapable,

Eſt des crimes d'autrui le jouet déplorable ;
Dans un abyme affreux de maux & de forfaits ;
Lorſqu'il va s'engloutir, engloutit ſes ſujets ;
Louis en offre, hélas, un trop funeſte exemple !

DESEZE.

Vous avez vu la Cour ; je n'ai vu que le Temple.
Pour le bras de Louis, ferme au ſein des dangers,
Le ſceptre fut peſant...... Et les fers ſont légers ;
Son cœur inacceſſible aux remords, à la crainte,
Du calme ſur ſon front a réfléchi l'empreinte ;
Du diadême enfin jamais la majeſté
N'égala de ce front la noble nudité.
Tel je l'ai vu, du moins, dans ce jour mémorable,
Où de ſon défenſeur j'eus le titre honorable,
Quand Target lâchement eut recuſé le choix
Et du plus malheureux & du meilleur des Rois ;
Sa conſtance un inſtant ne s'eſt pas démentie.
Marqués par de grands traits, tous les jours de ſa vie
Nous montrent le héros placé ſur ces hauteurs,
D'où l'on peut du vulgaire affronter les fureurs ;
A s'élancer vers Dieu ſon âme eſt toujours prête :
Au glaive, ſans pâlir, il offriroit ſa tête.....

TRONCHET.

Il l'offrira.

DESEZE.

Non certe ; & le Sénat français,
S'il ne croit pas au Ciel, croit à ſes intérêts.

LAMOIGNON.

On vient : c'eſt d'Orléans. L'aſpect de cet infâme

D'un ſentiment d'horreur a pénétré mon âme;
J'apperçois avec lui Robeſpierre & Marat,
Chers collègues, fuyons ce grouppe ſcélérat.
Que ferions-nous ici ?

DESÈZE.

Reſtons; Kerſaint s'avance.
Je vois Garran, Villette, amis de l'innocence;
Contre les factieux ils ſeront ſon ſupport.

SCÈNE II.

LES PRÉCÉDENS; PHILIPPE D'ORLÉANS, GARRAN DE-COULON, KERSAINT, CHARLES VILLETTE, ROBESPIERRE, MARAT, LEQUINIO, THURIOT, DANTON; ET PLUSIEURS AUTRES DÉPUTÉS.

DESÈZE.

LOUIS jugé coupable, attend de vous ſon ſort;
Je me tais; du Sénat nous reſpectons l'ouvrage;
On ne nous verra point, apôtres du carnage,
Vers la ſédition dirigeant les eſprits,
Pour ſauver Louis Seize, enſanglanter Paris.
L'équité, la vertu, voilà nos ſeules armes.
Souffrez, qu'en votre ſein dépoſant les allarmes,
Sur ce procès ſacré, pour la dernière fois,
L'auſtère vérité vous parle par ma voix.
Louis eſt renverſé, tu peux, Sénat auguſte,

Te montrer généreux..... Ne te montre que juste.
Pour le mieux condamner, qu'as-tu fait ?... Une loi,
Par laquelle il n'est plus ni Citoyen, ni Roi.
Roi! malgre tout sophisme & tout détour coupable,
Louis, vous le savez, seroit inviolable ;
Citoyen! il pourroit réclamer le soutien
Que votre code assure à chaque citoyen.
Il vous diroit sans doute : où sont ces loix tutrices
Qui couvrent l'Accusé de leurs formes propices ?
D'actes & de pouvoirs, cette distinction,
Sans laquelle il n'est point de Constitution ?
Ces Jurés, que des loix équitables & sages
A la foible innocence ont donnés pour ôtages ?
Ces suffrages réduits ? ces récusations
Qu'on oppose à la haine ou bien aux passions ?
Ce scrutin précieux qui fait, par son silence,
A la seule justice incliner la balance ?
En un mot, ces appuis qu'un citoyen jamais
N'a, fût-il criminel, invoqués sans succès ?
Vous voulez me juger, peut-il encore vous dire ;
Et vos opinions ont parcouru l'Empire !
Vous voulez me juger, vous mes accusateurs !
Vous qui d'assassinats accueillez les auteurs,
Et chez qui pour me perdre une loi provoquée,
N'existoit pas encore..... & m'étoit appliquée !
Louis vous a parlé : nous laissons à vos cœurs
Le soin de travailler avec ses défenseurs.

(*Les Conseils de Louis se retirent.*)

SCENE III.

LES PRÉCÉDENS, *exceptés* LAMOIGNON, DESEZE ET TRONCHET.

GARRAN-DE-COULON.

QUE de la vérité l'éloquence eſt touchante!
Pour le crime ou l'erreur, ſa voix eſt foudroyante.
Ce conflit de pouvoirs a droit de m'effrayer.
La liberté le veut; je dois m'en dépouiller.
Quand le voile eſt tombé, l'erreur eſt ſans réfuge.
Je ne puis être ici légiſlateur & juge;
Je ſuis légiſlateur, & politiquement
Je promets de voter pour le banniſſement.

BARRERE.

Je voue à tout deſpote une guerre éternelle;
Cette guerre eſt à mort: elle doit être telle;
Et de la liberté l'arbre majeſtueux,
Ne croîtra qu'arroſé de leur ſang odieux.

ROBESPIERRE.

Que ne peuvent ces rois qui viendront nous combattre,
N'avoir tous qu'une tête, & moi, d'un coup, l'abattre!
Prométhée, en mes mains remets le feu ſacré,
Et de tous les tyrans le globe eſt délivré.
Damiens, ton noble ſang bouillonne dans mes veines....

D'ORLÉANS.

Le plus pur ſang du Peuple a pénétré les miennes;

Et j'en ai pour garant le vertueux transport
Qui du traître Capet me fait voter la mort.

LEQUINIO.

La mort... Non, non, pour moi, c'est trop peu que sa vie ;
Ma vengeance à ce prix seroit mal assouvie.
Qu'il vive ... pour l'opprobre, & contemplant son bras
Enchaîné pour jamais aux travaux des forçats.

KERSAINT, *avec la plus vive indignation.*

Ciel ! qui viens je d'entendre ! est-ce un monstre farouche ?
C'est un juge ; & l'écume est encor sur sa bouche.
Je reste pour Louis : mais, libre de son vœu,
Kersaint ne siége plus avec un tigre...... Adieu.

(*Il sort.*)

SCENE IV.

LES PRÉCÉDENS, *excepté* KERSAINT.

CHARLES VILLETTE.

Je vois, législateurs, & non sans amertume,
Que la guerre civile en votre sein s'allume.
Il semble qu'un génie atroce, mal-faisant,
Sur le Sénat français plane dans ce moment,
J'ai long-tems hésité, je tremble de le dire,
Mais il est parmi nous un parti qui conspire,
Un parti furieux, désorganisateur,
Qui d'un vaste complot cache la profondeur.
Dirai-je à quels excès, lâchement téméraires,

Vient de s'abandonner un de ses émissaires ?
Plein des vastes objets qu'embrassoit mon esprit,
J'entrois ici rêveur.... Arrête, m'a-t-il dit ;
Condamne le Despote ; & pour qu'il t'en souvienne,
Choisis de prononcer ou sa mort.... ou la tienne.
Il m'échappe à ces mots. Je ne puis le céler :
On eût vu dans mes yeux la rage étinceler.....
Je ne crains point la mort.... Que dis-je ? Ah ! oui, j'envie
Le destin du héros qui meurt pour sa patrie!
Je saurai, citoyens, le prouver aujourd'hui.
Louis aura dans moi son plus solide appui ;
Mais qu'on ose insulter jusqu'en ce sanctuaire
Dans son représentant la République entiere,
Qu'on joigne la menace à ce délit affreux,
J'en ai dû ressentir un courroux vertueux.
Avant qu'un grand arrêt fixe nos destinées,
Poursuivez les auteurs des sanglantes journées,
Que la postérité, sur les fastes français,
D'un cachet infamant doit marquer à jamais.
Craignez de nous plonger dans un nouvel abîme ;
De son impunité faites sortir le crime.

(*En fixant Philippe d'Orléans.*)

Un masque affreux le couvre..... Osez donc l'arracher ;

(*En regardant Marat.*)

Qu'il n'ait plus de caveau qui puisse le cacher.

BARRERE.

Non, point d'ajournement ; que le tyran périsse;
Que demain le soleil éclaire son supplice.

(*Il sort ; Lequinio, Thuriot, Danton et plusieurs autres le suivent.*)

GARRAN-DE-COULON *à d'Orléans.*

Philippe, ton parti n'a pas encore vaincu ;
J'en fais ici plus d'un qui croit à la vertu,
Veut le bien... le fera...

(Il sort suivi de Charles Villette, et plusieurs autres députés.)

SCENE V.

PHILIPPE D'ORLÉANS, ROBESPIERRE, MARAT.

PHILIPPE.

De cet homme intraitable,
Toujours l'austérité m'a semblé redoutable ;
De mes complots le voile est trop tôt déchiré ;
J'en crains pour leur succès l'éclat prématuré.
Le Sénat, déployant un ferme caractere,
Portera-t-il le coup qui m'est si nécessaire ?

ROBESPIERRE.

Prince, il le portera. Que lui coûte un forfait ?
L'or dans son sein versé produira son effet.
Mais je veux que perfide ou trop pusillanime,
Il ose à d'Orléans arracher sa victime :
Ceux qui des assassins aidoient les attentats,
Pour un meurtre de plus, pourront prêter leurs bras.

PHILIPPE.

Je tremble, si du Roi le supplice s'apprête

Que le Peuple aux bourreaux ne dérobe sa tête.

ROBESPIERRE.

Le Peuple !... Ah, le Français vous est bien peu connu !
Léger, foible, indolent, aisément prévenu,
On lui montre, il croit voir un tyran sanguinaire
Dans un Roi, dont le crime est d'être débonnaire ;
Et s'il plaint de Louis les terribles malheurs,
Un jour fera couler & séchera ses pleurs.
D'un si foible intérêt nous n'avons rien à craindre.

MARAT.

Et puis à l'ineptie on saura le contraindre.
Commune, force armée, ils nous sont tous vendus.
Nos braves fédérés en armes répandus,
Escorteront demain le monarque au supplice ;
Nul ne pourra sortir, qu'il ne soit leur complice.
Par Santerre en un mot l'échafaud préparé,
Promet à nos desseins un succès assuré.

PHILIPPE.

J'en accepte l'augure, & mon cœur s'abandonne
A l'espoir qu'en ce jour votre amitié lui donne.
Sur sa reconnoissance, ah ! vous pouvez compter ;
Oui, dès que sur le trône on m'aura vu monter,
Philippe vous appelle ; & sur la France entiere
Régneront avec lui Marat & Robespierre.
De Louis que la chute affermisse nos pas ;
Sachons la prévenir en ne l'imitant pas.
As-tu, Peuple imbécille, un seul instant pu croire
Qu'à ton égalité je bornerois ma gloire ;
Et que pour affermir ta frêle liberté,
Puissance, éclat, grandeurs, Philippe eût tout quitté ?

Tu me connoîtras mieux ; le Français versatile
Veut d'un sceptre d'airain subir le joug utile.
Il faut ou qu'il reçoive ou qu'il donne des fers.
Il en recevra donc ! O Louis, tes revers
M'apprendront à porter ce pesant diadême,
Dont le poids fut trop lourd à ta foiblesse extrême.
Quand Philippe t'immole, accuse tes vertus,
Si j'eusse été Louis, il n'existeroit plus.
Mais Manuel s'approche..... Eh quoi ! de son visage,
L'éclat est obscurci par un sombre nuage.
Que vient-il m'annoncer ?....

SCENE VI.

LES PRÉCÉDENS, MANUEL.

(*Manuel entre d'un air rêveur. En voyant Philippe qui s'approche de lui, il se retire.*)

PHILIPPE.

Me trompai-je ? Il nous fuit !...

MANUEL.

Je fuis.....

PHILIPPE.

Quoi ?

MANUEL.

Le remords qui par-tout me poursuit
Depuis que des grandeurs la soif insatiable,
M'a fait de vos desseins le complice coupable.

Pour moi plus de repos ; l'enfer eſt dans mon ſein.
Oui, contre un Dieu vengeur je veux lutter en vain ;
D'une horde barbare & par nous ſoudoyée,
Il peint les attentats à mon âme effrayée.
Philippe, je les vois, tes farouches ſoldats,
Semant par-tout le meurtre & les aſſaſſinats.
Les priſons de Paris regorgeoient de victimes,
Dont les opinions avoient fait tous les crimes.
Que vois-je, infortunés, vos cachots ſont ouverts !
Quoi ! vous baiſez la main qui vient briſer vos fers !
Ah ! Plutôt..... Mais déjà le tribunal inique
A prononcé contre eux ſon arrêt tyrannique.
Les bourreaux ſont tout prêts, & cet arrêt fatal
D'un horrible carnage eſt l'infâme ſignal.
De morts & de mourans des montagnes preſſées,
De têtes en tous lieux les piques heriſſées,
Les cris, le déſeſpoir, l'horreur & l'effroi ;
Ce ſpectacle terrible eſt toujours devant moi.
Cette nuit occupé du procès mémorable,
Qui doit ſe décider dans ce jour redoutable,
Aux plus graves penſers je livrois mon eſprit.
De mes ſens malgré moi, le ſommeil ſe ſaiſit.
De Lambale, à mes yeux que glace l'épouvante,
L'ombre dans ce moment tout à-coup ſe préſente,
Non telle qu'on l'a vue en ces jours enchanteurs,
Où l'éclat, la beauté, le luxe & les grandeurs
Rempliſſoient tous les vœux de ſon âme enivrée,
Mais l'œil cave & glacé, pâle, défigurée,
Les cheveux heriſſés, diſputant aux bourreaux
De ſon corps mutilé les livides lambeaux,
Dégoutante, en un mot, de ſang & de carnage,
Je reculois. --- Arrête, admire ton ouvrage,
Me dit-elle ; oui, c'eſt toi dont les cruels deſſeins

M'ont livrée innocente au fer des aſſaſſins.
Je t'avois pardonné ; mais ta fureur impie
De ton Roi dans ce jour oſe attaquer la vie,
Conſommes ton forfait ; je ne puis l'empêcher :
Crois, au moins qu'à tes pas je ſaurai m'attacher.
Conſtante dans l'excès de ma rage ennemie,
Je ſerai ton bourreau, je ſerai ta furie ;
Sur ta tête en tous lieux & dans tous les inſtans,
Mon bras, du déſespoir ſecouera les ſerpens....
Je m'éveille à ces mots ; mon âme épouvantée,
Sur ces tableaux cruels eſt ſans ceſſe arrêtée ;
Je ne puis, je l'avoue, en écarter l'horreur.

PHILIPPE.

Repouſſez loin de vous une indigne terreur ;
Soyez homme, & chaſſez juſqu'aux moindres veſtiges
De ces fantômes vains, de ces foibles preſtiges.

(*à Marat, à Robespierre.*) (*à Manuel.*)

L'heure au Sénat m'appelle ; allons, & ſuivez-nous.
Les tems ſont arrivés, frappons les derniers coups ;
Puis délivrés d'un Roi qui nous portoit ombrage,
Sans crainte & ſans remords conſommons notre ouvrage.

MANUEL.

Un deſſein différent me fait ſuivre vos pas ;
Si je puis le ſauver, il ne périra pas.
Philippe, je renonce aux grandeurs, aux richeſſes
Qu'offroient à mes déſirs tes infâmes promeſſes.
Je ne ſuis vertueux, ni coupable à demi ;
Dès ce jour, vois dans moi ton mortel ennemi.

PHILIPPE.

Nous ſaurons réprimer l'excès de ton audace ;

Crains les proscriptions.

MANUEL.

Je brave ta menace.
Puissai-je à ma patrie, en montrant ces complots ;
Epargner un grand crime, épargner de grands maux ;
Sauver la République, après l'avoir trahie,
Périr..... Et que ma mort fasse oublier ma vie.

(Il sort.)

PHILIPPE *à Robespierre et à Marat.*

C'en est fait, Robespierre, & Philippe est perdu.

ROBESPIERRE.

Ne vous souvient-il plus que tout nous est vendu

(Ils sortent.)

Fin du premier Acte.

ACTE II

ACTE II.

Le Théâtre repréſente une des ſalles de l'appartement du Roi dans la Tour du Temple. On voit d'un côté, la porte d'un Cabinet; ſur le devant de la ſcene ſont des fauteuils, & une table ſur laquelle eſt un globe.

SCENE PREMIERE.

DEUX COMMISSAIRES DU CONSEIL DE LA COMMUNE.

PREMIER COMMISSAIRE.

TANDIS que de ſa vie au Sénat on diſpoſe,
Que fait dans ſa priſon le Deſpote ?

DEUXIEME COMMISSAIRE.

Il repoſe.
Il repoſe; & conſtant dans ſa tranquillité,
Son œil fixe la mort avec ſérénité.
Cependant l'Aſſemblée a preſque toute entiere
Emis déjà ſon vœu ſur cette grande affaire ;
Et des opinions le partage étonnant,
Laiſſe encore le doute errer en cet inſtant.
Je crains que le Sénat, ſoit foibleſſe ou prudence,

De cet impur fléau n'ose purger la France.
Peut-être, du trépas le Despote sauvé,
Est, à nous asservir, de nouveau réservé.
Oh! d'un cœur vraiment libre, affreuse incertitude!

PREMIER COMMISSAIRE.

Je l'entends; le voici.

SCENE II.

LES PRÉCÉDENS, LOUIS SEIZE, LE DAUPHIN, DEUX AUTRES COMMISSAIRES SORTANT DU CABINET.

(*Ces deux derniers Commissaires conferent un instant à part avec les autres. Ils se retirent; et ceux qui restent, se tiennent à l'écart.*)

LOUIS *à son fils.*

REPRENONS notre étude.

(*Ils s'asseyent; Louis prend le globe dans sa main.*)

Nous avons vu la France où régnerent long-tems
Les Bourbons, le bonheur, les arts & les talens;
Où, sous l'abri sacré d'un gouvernement juste,
De la religion, croissoit le cedre auguste
Qui, sur ce sol heureux qu'ombrageoient ses rameaux,
Versoit du firmament la rosée à grands flots;
Où le citoyen sage, à ses devoirs fidele,
Toujours de la bonté fut l'aimable modèle,
Et trouvant dans les loix un support assuré,
Acquittoit en échange un impôt modéré.

Les tems ſont bien changés ; la licence effrénée
A ſouillé cette terre autrefois fortunée ;
Et frappant d'un poignard les Miniſtres des cieux,
L'abſurde impiété leve un front ſcandaleux ;
La liberté qu'elle offre eſt la mere du crime :
Tout français doit en être ou complice ou victime.
Aimer ſon Roi, ſon Dieu, dans ces lieux pleins d'horreur,
C'eſt vouloir du martyre obtenir les honneurs.
Mon fils, ſi du Très-Haut la juſtice éternelle
A régner ſur ces lieux quelque jour vous appelle,
Si, pour exécuter ſon immuable loi,
Dieu vous condamne hélas ! au malheur d'être Roi,
Que jamais l'éclat faux d'une trompeuſe gloire
Ne puiſſe de votre âme écarter ſa mémoire ;
Et dans tous vos projets invoquez ſon ſecours ;
Mais de notre leçon ne troublons plus le cours ;
Parcourons l'Angleterre.

LE DAUPHIN.

Eh, quoi ! cette contrée,
Qui porta ſur ſon Roi ſa main dénaturée ?
O ciel ! ſes habitans ſont donc bien forcénés ?

LOUIS.

Ils le furent, mon fils.

LE DAUPHIN.

Ah ! cher papa, daignez
De ce grand attentat me retracer l'hiſtoire.
Je frémis d'y penſer.....

LOUIS *à part.*

Ah ! Dieu ! s'il pouvoit croire....
(*Il remet le globe sur la table*)

(Haut.)

Ecoutez-la, mon fils; que cet événement
Reste dans votre cœur gravé profondément.
Charles premier régnoit : une Révolte impie
Tente de renverser l'antique Monarchie ;
Un Parlement rebelle, & bravant toute loi,
Sans pudeur à sa barre ose appeller son Roi :
On lui présente, au nom du Sénat régicide,
De crimes simulés une liste perfide.
Charles, quoique indigné de cette trahison,
Affoibli par l'horreur d'une longue prison,
A la grandeur du Roi joint le sang-froid du sage,
Et de ses assassins fait confondre la rage.
Mais du malheureux prince ils ont juré la mort.
Quatre Seigneurs en vain, d'un généreux accord,
Au péril de leur vie, embrassent sa défense,
Leur vertu fut, hélas ! leur seule récompense.
L'arrêt est prononcé ; le héros sans pâlir
En apprend la nouvelle & s'apprête à mourir.

(avec attendrissement.)

Un enfant..... de ton âge, est dans son sort funeste,
Le seul soulagement, le seul bien qui lui reste.

(Louis prend son fils sur ses genoux et l'embrasse plusieurs fois.)

L'illustre condamné sur ses genoux le prend,
Le couvre de baisers, & dit à cet enfant :
« Demain pour les Anglais c'est un grand jour de fête,
» O mon fils, de ton pere ils vont trancher la tête....
» Sois plus heureux que moi... » Tu pleures, mon cher fils,

LE DAUPHIN.

Il me sembloit, papa, voir Charles dans Louis.

Si j'étois cet enfant, ô ciel !

LOUIS, *vivement ému.*

Que veux-tu dire ?

(*à part.*)

Il eſt trop vrai peut-être, & c'eſt Dieu qui l'inſpire.

(*haut.*)

Ne m'interrompez plus ; je reprends mon récit.
Le jour fatal arrive ; à l'échafaud conduit,
Charles veut à ſon peuple en vain ſe faire entendre,
Lui dire un triſte adieu, d'une voix douce & tendre ;
Par ſes vils aſſaſſins ſes accens ſont couverts.
Il meurt ; des cris joyeux s'élancent dans les airs ;
Le bourreau prend ſa tête ; & d'un bras parricide,
Il l'éleve en criant : *c'est celle d'un perfide.*
Ainſi périt un Roi digne d'un meilleur ſort.
Cromwel qui l'immola, vengea bientôt ſa mort.
Sous le voile trompeur du Républicaniſme,
Cet hypocrite adroit parvint au deſpotiſme ;
Et tremblant, inviſible au fond de ſon palais,
Sut d'un ſceptre de fer écraſer les Anglais.
Il jouit de ſon crime & de ſa perfidie ;
Et dans ſon lit paiſible, il termine ſa vie.

LE DAUPHIN.

Un pareil attentat demeurer impuni !
Juſte Ciel, ton tonnerre étoit donc amorti !

LOUIS.

Des pleurs de la vertu, des triomphes du vice,
N'accuſons pas, mon fils, la céleſte juſtice.
Elle éprouve les bons au milieu des fléaux ;
Elle donne aux méchans leurs remords pour bourreaux.

Voyez ici Cromwel entouré de furies,
De ses crimes affreux enfantemens impies;
Ne pouvant à son Dieu montrer que ses forfaits;
Sans amis (les méchans n'en connurent jamais)
Voyant des assassins dans toutes ses victimes
Exhaler dans la rage & son âme & ses crimes;
Et là, Charles premier, dont l'œil doux & serein,
Fixe de son trépas l'appareil inhumain;
Qui, fort du calme heureux que l'innocence donne,
Aime encor ses bourreaux, les plaint & leur pardonne.
Que préféreriez-vous, mon cher fils, dites-moi,
Ou le lit de Cromwel, ou l'échafaud du Roi?

LE DAUPHIN, *vivement.*

Ah! papa, l'échafaud, la mort n'a rien d'horrible.
La mort du criminel, est la seule terrible.

LOUIS, *transporté de joie.*

Embrasse-moi, mon fils, objet de mon amour;
Grave bien dans ton cœur la leçon de ce jour.

SCENE III.

LES PRÉCÉDENS, LAMOIGNON. (*Il entre d'un air triste et pensif. Le Dauphin et les Commissaires se retirent.*)

LOUIS *à son fils.*

C'est Lamoignon.... Sortez.

SCENE IV.

LOUIS, LAMOIGNON.

LAMOIGNON.

PRINCE, il faut du courage.

LOUIS.

J'en ai.

LAMOIGNON.

Les aſſaſſins ont aſſouvi leur rage,
D'Orléans eſt vainqueur, &... L'arrêt eſt porté.

LOUIS.

Tant mieux, je ſors enfin de ma perplexité.
Pour moi depuis long-tems quel fléau que la vie?
Leur fureur m'en délivre, & mon âme affranchie,
Vers l'immortalité va prendre ſon eſſor.

(*Il se promene à grands pas. Silence de quelques minutes.*)

Peuple ingrat, que j'aimois, que je chéris encor,
Dis-moi : que t'ai-je fait, & quel démon t'égare,
Juſqu'à verſer mon ſang par un arrêt barbare?

(*Silence encore.*)

Mais non; tu fus trompé; je ne t'impute pas
Le mal que, ſous ton nom, font quelques ſcélérats;
Tu n'es que l'inſtrument aveugle & déplorable
Des perfides complots d'un mortel exécrable,
D'un ſerpent qu'en mon ſein j'ai toujours réchauffé,

Et qu'un Roi défiant eût sans doute étouffé... :
Hélas ! je lui pardonne ; & puisse sur la France
Ne point de mon trépas retomber la vengeance... :
Mon Peuple, abreuve-toi, si tu veux, de mon sang ;
Mais crains de conquérir à ce prix un tyran.
Si la félicité peut naître au sein du crime,
Que ma mort de tes maux ferme du moins l'abîme,
Frappe-moi ; mais sans haine ; un jour, ouvre les yeux ;
Regrette-moi, mon Peuple, aime-moi, sois heureux !
Tels sont les vœux derniers que profere ma bouche !

LAMOIGNON, (*se jettant à ses pieds.*)

O Louis, ô mon Roi ! quel monstre assez farouche,
Pourroit & vous entendre, & ne pas s'attendrir ?
A vos genoux sacrés, c'est à moi de mourir.
Je n'ai pu vous sauver ; que fais je sur la terre ?
Quand, du bien, l'honnête homme en son cœur désespere,
Il appelle la mort, trop lente à le frapper.
La tombe est le manteau qui doit l'envelopper.

LOUIS, (*le relevant.*)

O mon cher Lamoignon, ô mon ami fidele !
Des vertus aux humains conservez le modele :
Il est trop précieux, dans ce siecle pervers.

SCENE V.

LES PRÉCÉDENS, DESEZE ET TRONCHET.

LOUIS.

VOUS venez, chers amis, partageant mes revers,
Dans mes derniers momens, soutenir ma constance.

DESEZE.

Nous venons à votre âme apporter l'espérance.
Le jugement fatal à peine étoit rendu,
Nous sommes introduits; mon collégue éperdu,
Par sa mâle éloquence étonne l'assemblée.
Quoi, dit-il, d'une voix attendrie & troublée.
Louis est condamné, se peut-il?.... Et cinq voix
Enverront à la mort le plus juste des Rois!..
Mais l'arrêt est porté; Sénateurs inflexibles,
Vos cœurs à la pitié font vœu d'être insensibles;
Qu'à l'intérêt public ils soient au moins ouverts.
Louis est abattu; Louis est dans vos fers;
Il ne sauroit vous nuire, & cet auguste ôtage,
D'une profonde paix pourroit être le gage.
Je dis plus, persistez dans votre jugement,
Mais de l'exécuter attendez le moment.
Quand l'Europe à la paix par vos armes forcée,
Sera de vos Etats à jamais repoussée;
Quand votre pavillon sur les mers respecté,
Par-tout impunément sera moins insulté,
Alors, si vous pensez qu'un Peuple magnanime
Doive à sa liberté cette illustre victime,
Si la clémence est basse & moins digne de vous,
Frappez; Louis est là, qui ne peut fuir vos coups;
Mais si l'oubli fatal de toute politique,
Osoit dicter la mort, dans cet instant critique,
Contre vous toute entiere, excitée à-la-fois,
L'Europe écraseroit la France de son poids.
Vos soldats pourront-ils, quelque soit leur courage,
De cette masse énorme arrêter le ravage?
N'allez pas de vingt Rois, provoquant les fureurs,
Livrer votre patrie aux plus cruels malheurs.

Ainsi parle Tronchet; une terreur soudaine
A frappé les esprits, qu'il calme & qu'il ramene.
Le Sénat d'un sursis sent la nécessité ;
Demain ce grand objet doit être discuté.
Nous pourrons réussir, pendant cet intervalle,
A faire révoquer la sentence fatale.
Peut-être vos dangers, agitant les esprits,
En faveur de son Roi réveilleront Paris.
Qu'il ose se montrer......

LOUIS, (*vivement.*)

Ami tendre & fidele,
Réprimez, croyez-moi, l'excès de votre zèle.
Plutôt que d'exciter les plus légers combats.
J'aimerois mieux souffrir mille & mille trépas.
Du sang de mes Sujets je fus toujours avare;
Je ne veux point apprendre à devenir barbare.
Si pour les factieux, je suis un ralliement,
Que leurs torches, amis, s'éteignent dans mon sang.

SCENE VI.

LES PRÉCÉDENS, DEUX COMMISSAIRES DE LA COMMUNE.

PREMIER COMMISSAIRE.

QUAND Louis condamné va subir son supplice,
Tout Défenseur ici n'est plus que son complice.

LAMOIGNON, (*avec indignation.*)

Son complice!... ah! ce mot convient mal à Louis!
Le crime a des fauteurs, la vertu, des amis.

Toi qui devrois, des Loix organe respectable,
Adoucir leur rigueur, même envers un coupable,
C'est ton Roi que tu viens insulter aujourd'hui !...
Vil insecte !... Jamais fus-tu plus loin de lui ?

LE MÊME COMMISSAIRE.

Je sais comme on punit un insolent esclave :
Tu connoîtras bientôt mon pouvoir.

LAMOIGNON.

Je te brave.
Par un fer assassin, si mon Roi doit périr,
Le suivre est dans mon cœur le plus ardent désir.
Mais non ; votre fureur sera mal assouvie,
Dieu saura conserver sa précieuse vie.
Peuple abusé, ton Roi, grâce au Ciel protecteur,
Vivra pour ton amour, vivra pour ton bonheur.
Cher Prince, ah !.. permettez qu'à vos pieds que j'embrasse.

LOUIS, (*le pressant dans ses bras.*)

Illustre & tendre ami, c'est là qu'est votre place ;

(*à ses trois Conseils, en montrant son cœur.*)

Tant qu'il respirera, vous y serez toujours.
O vous, dont l'amitié vient consoler mes jours,
Généreux Défenseurs, dont la noble éloquence
A, malgré les poignards, plaidé pour l'innocence,
Certes, pour la sauver, il ne vous manqua rien,
Que de la présenter à des hommes de bien.
Recevez mon adieu.... C'est le dernier, sans doute,
C'est celui de mon cœur. Ah !... combien il lui coûte !...

DESEZE.

Non Prince, espérez mieux, nous nous verrons encor ;
Nous l'anéantirons, ce jugement de mort.

Le Peuple & le Sénat, d'un accord unanime ;
Verront, détesteront, répareront leur crime ;
Vous nous serez rendu.

LOUIS.

Non, je l'espere peu ;
Mais on m'arrache à vous... Ah, chers amis !... Adieu.

(Louis et les Commissaires entrent dans le cabinet. Les Défenseurs sortent.)

Fin du second Acte.

ACTE III.

Même décoration qu'à l'Acte précédent ; il est neuf heures du matin.

SCENE PREMIERE.

LOUIS, DEUX COMMISSAIRES.

LOUIS.

De témoins importuns, quoi ! sans cesse entouré,
Ne puis-je être à moi-même un seul instant livré ?
Dans l'état où je suis, un repos salutaire,
Au corps comme à l'esprit est pourtant nécessaire.
Ah ! de vos fonctions, la triste austérité,
Est-elle incompatible avec l'humanité ?

UN COMMISSAIRE.

Non certes, nous sortons ; mais quand, par notre absence,
Nous laissons une treve à notre surveillance,
Souffrez que de ce lieu, prudemment visité,
Tout instrument de mort soit par nous écarté.

LOUIS.

Croyez-vous que je puisse, en ma rage insensée,
D'un suicide affreux concevoir la pensée ?...

Que je faſſe, au mépris des loix de l'Eternel,
D'un homme malheureux, un homme criminel :
Que j'oſe, ſans ſon ordre, & bravant ſa juſtice,
Quand ma priſon me gêne, en briſer l'édifice ?
Quand je puis, illuſtré par l'excès du malheur,
De la main des bourreaux, périr avec honneur,
Irai-je par un crime avilir ma mémoire !
Non, non : détrompez-vous, ſi vous l'avez pu croire.
Louis qui, dans ſon Dieu, met ſon unique appui,
Demain ſaura mourir.... Et ſait vivre aujourd'hui.

DEUXIEME COMMISSAIRE.

O ſublime vertu ! Le cœur le plus ſauvage,
Peut-il, ſans l'admirer, entendre ton langage ?
Nous vous laiſſons, Louis.

LOUIS.

Mortels compatiſſans,
J'adreſſe au Ciel pour vous mes vœux reconnoiſſans.

(*Ils sortent.*)

SCENE II.

LOUIS, *seul.*

JE puis donc, délivré d'une affreuſe contrainte,
Reſpirer un moment, ſans témoins & ſans crainte.
Je puis deſcendre en paix, dans ce cœur déchiré,
Démêler le cahos dont il eſt entouré ;
Chercher, en écartant tous ſes voiles funèbres,

Un fanal néceſſaire au milieu des ténèbres ;
Déterminer enfin, guidé par la vertu,
L'aſſiete qui convient à mon être abattu !..
Je me cherche en moi-même : eſt-ce un rêve, un délire,
Qui ſur mes ſens trompés, exerce ſon empire ?
Hélas ! il eſt trop vrai ; l'excès de mon malheur
N'eſt point d'un ſonge vain la fugitive erreur.
Oui, Louis aux bourreaux, peut-être aujourd'hui même,
Doit préſenter ſon front, qu'orna le diadème.
Car je n'embraſſe point cet eſpoir d'un ſurſis,
Qu'hier m'ont apporté de vertueux amis.
Les tigres, dont la rage immole l'innocence,
Brûlent d'exécuter leur cruelle ſentence.
Ils ont ſoif de mon ſang ; les plus légers délais
Pourroient de leur fureur renverſer les projets.
O France, ô ma Patrie, ô terre infortunée !
Quelle va déſormais être ta deſtinée ?....
En proie aux ſcélérats, brûlans de tous les feux,
Qu'allument dans ton ſein leurs complots factieux,
Dans les convulſions d'une horrible anarchie,
Ah ! je vois expirer ta force anéantie,
Et vingt tyrans bientôt ſe partager entr'eux,
De ton ſein démembré les lambeaux malheureux.
D'un auſſi bel empire, ô deſtin déplorable !...
Je me le repréſente en ce tems mémorable,
Où puiſſant, redouté ſur la terre & les mers,
Il ſembloit à ſes Loix aſſervir l'Univers,
Et je l'aſſerviſſois !... Et ſemblable à la foudre,
Un ſeul de mes regards eût plongé dans la poudre
Ce Peuple révolté qui, ſur ſon Souverain,
Oſe aujourd'hui porter une coupable main !....
Ainſi, de l'Eternel, les décrets immuables,
Renverſent des humains les grandeurs périſſables,

Et son bras tout-puissant fait tomber quelquefois
Le fer, qu'un fil suspend sur la tête des Rois....
Heureux si le destin, auquel je suis en butte,
N'eût entraîné que moi dans ma terrible chute,
Et si, seul malheureux, seul en proie aux revers,
Les fers de mes parens n'aggravoient point mes fers.
O mes enfans, ma sœur, ô ma chere Antoinette!
Pardonnez-moi l'abîme où mon malheur vous jette:
Des captifs, comme moi, vous subissez le sort;
Peut être, comme moi, subirez-vous la mort.
La mort..Quoi! ces bourreaux, dans leur sombre vengeance,
Frapperoient l'amitié, la vertu, l'innocence!
Et pour mettre le comble à leurs affreux desseins,
D'un sang si précieux, ils rougiroient leurs mains!
Cette idée est affreuse.... Une glace mortelle
A navré mes esprits.... Je tremble.... Je chancelle....
Mes genoux affoiblis, se dérobent sous moi.
Qui me délivrera de ce moment d'effroi?....
J'entends du bruit, on ouvre. Ah! que vient-on m'apprendre?

SCENE III.

LOUIS, LE MINISTRE DE LA JUSTICE, DEUX COMMISSAIRES DE LA COMMUNE.

LE MINISTRE.

Vous n'avez plus, Louis, de sursis à prétendre;
Par le Sénat Français, le jugement porté,
Dans une heure au plus tard, doit être exécuté.

LOUIS.

LOUIS.

Je vois, ſans me troubler, le trépas qu'on m'apprête ;
Mais avant qu'aux bourreaux je préſente ma tête,
Qu'on me permette au moins de dire dans ce lieu,
A ma triſte famille un éternel adieu.

LE MINISTRE.

Elle va s'approcher, & je l'ai prévenue.

LOUIS, *à part.*

Mon cœur, hélas, déſire, & craint cette entrevue.

(*haut*)

Me refuſera-t-on, dans ce fatal moment,
D'un Miniſtre des Cieux le ſecours conſolant?

LE MINISTRE.

Daignez fixer un choix, me le faire connoître,
Vos vœux ſeront remplis.

(*Louis s'approche d'une table, écrit le nom et la demeure du Prêtre, et remet le billet au Ministre.*)

Vous l'allez voir paroître.

(*Il se retire. Louis se promene quelques momens à grands pas, et passe dans son cabinet.*)

SCENE IV.

DEUX COMMISSAIRES DE LA COMMUNE.

PREMIER COMMISSAIRE.

Au gré de nos projets, je vois tout réussir.
Embrassons-nous, amis, le tyran va pétir.
Hier, de ses Conseils, l'éloquence importune,
Avoit séduit les cœurs & changé sa fortune.
Si Danton, avec art maîtrisant les esprits,
N'eût fait au lendemain ajourner le sursis,
Le Sénat, oubliant sa grandeur magnanime,
Ravissoit à nos coups cette illustre victime.

DEUXIEME COMMISSAIRE.

Je l'ai craint un moment; mais grâce au Ciel, enfin,
Notre pouvoir l'emporte, & n'aura plus de frein;
Si Chambon, si Roland, osent rester en place,
De leurs têtes ils paieront leur indiscrette audace,
Et leur mort apprendra que nous & nos amis,
Seuls de l'autorité, devons être investis.
On vient; c'est du tyran la famille éplorée.

PREMIER COMMISSAIRE.

Bientôt la Républqiuei en sera délivrée.

(*Ils sortent.*)

SCENE V.

LOUIS, MARIE-ANTOINETTE, ÉLISABETH, ET LES ENFANS DU ROI.

ANTOINETTE.

Ou peut-il être, ô Ciel? .. .

LOUIS, *sortant du cabinet.*

Qu'entens-je ?....

ANTOINETTE, *l'embrassant.*

Ah, cher époux !

ÉLISABETH.

Vos enfans, votre sœur, embrassent vos genoux.

(*Ils se jettent tous à ses pieds.*)

LOUIS, *les relevent.*

Que vois-je ?.. est-il possible, ô moment plein de charmes !..
Vous m'êtes tous rendus... Quoi ! vous versez des larmes !
Ces mots portent le trouble en vos cœurs éperdus !...
Vous détournez les yeux ! ... Oui, vous m'êtes rendus.
On peut bien m'arracher ma vie infortunée,
Ma vie à tant de maux tristement condamnée;
Mais lorsque je jouis de vos embrassemens,
Me ravir la douceur de ces derniers momens,
Troubler le calme heureux de mon âme paisible,
Ah ! cet effort à l'homme est sans doute impossible.
Certe, il seroit affreux de perdre, sans retour,

Les objets adorés d'un vertueux amour ;
Mais nous nous rejoindrons ; j'en ai la confiance.

ANTOINETTE.

O Louis, cette idée est ma seule espérance.
Au milieu des horreurs de mon funeste sort,
Et le jour & la nuit, je désire la mort ;
Je la veux, je la cherche, à grands cris je l'appelle.
Ah ! c'est en vain, sa faulx ne sait qu'être cruelle.
Si sa main bienfaisante eût exaucé mes vœux,
Le soleil en ce jour n'eût pas lui pour mes yeux.
Condamnée au tourment, à l'opprobre de vivre ;
Mon époux me précede, il n'eût fait que me suivre....
Je sais qu'on me destine un trépas infamant.
A de vils tribunaux, livrée indignement,
Il n'est point, je le sais, de supplice & d'outrage,
Que n'ayent préparés la vengeance & la rage :
L'instant même en approche ; & bien loin que dans moi,
Son image terrible excite quelqu'effroi,
Ce consolant espoir affermit ma constance ;
Mon âme, en s'y livrant, frémit d'impatience......
Quoi ! j'aurai vu couler, versé par la fureur,
Le sang le plus sacré, le plus cher à mon cœur !
A mes yeux éperdus, des hordes forcenées
Auront de tous les miens tranché les destinées ;
Et je pourrois encor sourire à d'autres vœux,
Qu'à ceux de les rejoindre, & de périr comme eux.
Non, non. Ah ! du destin, si jamais la clémence,
Remettoit en mes mains les soins de ma vengeance ;
Si je pouvois, du meurtre épuisant les horreurs,
A mon tour vous frapper, lâches conspirateurs,
Antoinette, à ce prix, pourroit chérir la vie.
Mon fils, si Dieu vous place au rang majestueux,

Où brillerent long-tems vos auguftes aïeux ;
Penfez à votre pere, & vengez fon fupplice ;
Au bruit du châtiment, que l'univers frémiffe ;
Que les Peuples tremblans apprennent pour jamais
A refpecter les Rois, que le Ciel leur a faits.

LOUIS.

Antoinette, ah ! bien loin d'allumer dans fon âme,
D'une aveugle fureur la criminelle flamme,
Appliquez-vous fans ceffe à lui bien enfeigner,
Que le grand art des Rois, eft l'art de pardonner ;
Que de fon Peuple un jour il fe montre le pere :
Cette seule vengeance eft digne de me plaire.

ANTOINETTE.

Quel touchant héroïfme ! ô Louis ! cher époux !
Ah ! combien Antoinette eft moins grande que vous.
Aurois-je, jufte Ciel, par des excès coupables,
Attiré fur Louis tous les maux dont tu l'accables ?
Sur moi feule, grand Dieu, verfe tout ton courroux ;
Protége l'innocence, & fauve mon époux !

LOUIS.

Chere époufe, écartez cette cruelle image. . . .
Nos maux & mon trepas ne font point votre ouvrage ;
Le Ciel a tout conduit, fon invifible main
A feule armé le bras qui va percer mon fein.
Aux Loix du Tout-Puiffant ne foyons point rebelles ;
Préfentons à fes coups des victimes fidelles.
La vertu fait du fort tempérer la rigueur,
Et du fein des revers, fait naître le bonheur.

(*Il les embrasse tour-à-tour.*)

SCENE VI ET DERNIERE.

LES PRÉCÉDENS, LE CONFESSEUR DU ROI, SANTERRE, DÉTACHEMENT DE LA GARDE NATIONALE.

(Ils se tiennent dans l'enfoncement.)

ANTOINETTE.

CIEL! que vois-je ?...

LE CONFESSEUR.

O Louis !....

LOUIS.

Approchez-vous, mon pere ;
Mon cœur vous attendoit ; c'est en vous que j'espere.

(*à Santerre.*)

Je vous suis à l'instant.... ô ma femme ! ô ma sœur !
O mes tendres enfans !... venez tous sur mon cœur :
Recevez les adieux de l'ami le plus tendre.....

(*à Antoinette.*)

Venez..... Elle chancelle, & ne peut plus m'entendre.
Antoinette...

ANTOINETTE.

J'expire....

LOUIS.

Ah! reprenez vos sens....
N'ajoutez pas encore à mes affreux tourmens.

Faut-il que ce soit moi, dans ce moment terrible,
Qui cherche à consoler votre cœur trop sensible ?
De grâce, épargnez-vous des transports superflus....

ANTOINETTE.

O Ciel, c'en est donc fait !.... Je ne le verrai plus.

(*à la Garde avec violence.*)

C'est vous dont la fureur, lâchement effrénée,
Dirige sur son sein votre main forcenée !...
Quoi ! vous ne craignez pas que la foudre du Ciel
Ne renverse avec vous votre complot cruel,
Et que d'un Dieu vengeur l'éclatante justice
N'apprenne & vos forfaits & votre prompt supplice ;
Mais vous bravez le Ciel, & le Ciel irrité
Laisse un pouvoir sans frein à la perversité.
Ne pensez pas pourtant que sa foudre endormie,
Toujours de vos projets respecte l'infamie.
Non, non. Un jour viendra que son bras tout-puissant
Brisera de vos Loix l'édifice sanglant :
Vous-mêmes, & mon âme en nage dans la joie ;
D'un vainqueur furieux vous deviendrez la proie.
Trahis, exterminés, poursuivis en tous lieux,
Privés avec horreur & des eaux & des feux,
Dieu même, en traits de sang, sur votre front perfide,
Imprimera ces mots : *Fuyez un Parricide.*

LE DAUPHIN.

Loin d'irriter des cœurs qu'il faudroit attendrir,
Oh ! maman, laissez-nous le soin de les fléchir !

(*à sa sœur.*)

Suivez-moi.... Votre frere est sûr de sa conquête.

(*Le Dauphin et la jeune Princesse se jettent aux pieds des Gardes.*)

Ah ! d'un Pere innocent ne tranchez pas la tête !
upez plutôt la mienne.....

LA PRINCESSE.

Et puis la mienne.....

LE DAUPHIN.

Hélas !
Daignez à l'Aſſemblée accompagner mes pas. . .

(*Santerre à quelques soldats.*)

Emmenez ces enfans. . . .

LE DAUPHIN.

A vos pieds que j'embraſſe,
Ne me refuſez pas cette derniere grâce.....

SANTERRE.

Soldats, qu'on les emporte.....

(*On les emporte.*)

ANTOINETTE.

Ah ! cruels, arrêtez ! . . .

LOUIS.

Mon fils. . . . .

LA PRINCESSE.

On nous ſépare. . . . .

LE DAUPHIN, *à ses Parens.*

Et quoi, vous nous quittez !

(On l'entraîne de force.)

SANTERRE, *à Louis.*

Marchons, il est tems.....

(à quelques soldats, montrant Antoinette et Elisabeth.)

Soldats, veillez sur elles.

ANTOINETTE, *se précipitant sur la Garde.*

Non, je puis affronter vos cohortes cruelles.
Entends-moi, cher Epoux....

ELISABETH.

Louis..... Mon frere...

LOUIS, *sortant précipitamment.*

Adieu....

ANTOINETTE.

Il nous fuit... Se peut-il ?.. On l'entraîne... Ah! grand Dieu!
Suivons ses pas.... Courons....

(Louis disparoît, Antoinette tombe dans le sein d'Elisabeth.)

Je me meurs.....

ELISABETH.

Antoinette....

(Elles s'évanouissent l'une et l'autre.)

SANTERRE.

Profitons de l'état où la douleur les jette.

(à quelques soldats.)

Qu'on les transporte ailleurs....

(*à sa suite.*)

Et nous, sans nul retard;

Dans le sein du Despote, enfonçons le poignard.

(*Ils sortent d'un côté, tandis qu'on emmene Antoinette et Elisabeth de l'autre. Le rideau tombe.*)

FIN.

www.ingramcontent.com/pod-product-compliance
Lightning Source LLC
LaVergne TN
LVHW010007230826
846092LV00002B/688